ABC der Tiere 3
Arbeitsheft Lesebuch

Herausgegeben von
Klaus Kuhn

Erarbeitet von
Katrin Herter, Klaus Kuhn, Christine May

Illustriert von
Heike Treiber

Name: ______________________________

Klasse: ______________________________

Mildenberger

Inhaltsverzeichnis

Dieses Arbeitsheft stellt eine Auswahl dar. Es enthält zu vielen Geschichten des Lesebuches Arbeitsblätter. Zu allen Geschichten des Lesebuches sind im Handbuch (Bestell-Nr. 3402-70) passende Arbeitsblätter als Kopiervorlagen vorhanden.

Leute

Kleine Leute, große Leute
gab es gestern, gibt es heute …

1. Betrachte das Bild. Wie sehen die Leute aus?
   Schreibe so:

   Manche Leute sind groß.

   Manche Leute sind ______________________________

   Manche ______________________________

   ____

   ____

   ____

2. „Klein und groß sagt gar nichts aus …"
   Worauf kommt es bei allen Leuten an?
   Beantworte die Frage mit den Zeilen 13 bis 15.

   ____

   ____

   ____

1. Welche Eigenschaften hat jemand, der für dich das „richtige Format“ hat? Schreibe fünf Sätze.

Ich mag es, wenn jemand ______________________

Ich ______________________

____

____

____

2. Welche Eigenschaften hat jemand, der nicht das richtige Format hat?

Schreibe fünf Sätze.

Ich mag es nicht, wenn jemand ______________________

____

____

____

____

3. Wie kannst du in der Klasse jemand anderem helfen?

____

____

____

Schule ist unsere Welt

Schule ist auch deine Welt. Wie ist es bei dir?

1. Beantworte auch du die Fragen aus dem Buch.

1. Mein Unterricht beginnt

2. Fülle die Tabelle aus.

	Tom	Elavarasi	Justine	Louise	Ich
Länge des Schulweges					
Schülerzahl der Klasse					
Unterrichts-beginn					
Unterrichts-ende					

S. 8, 9

3. Bildet Zweiergruppen und stellt euch gegenseitig Fragen zum Inhalt der Tabelle von Seite 5.

   Wer hat den längsten Schulweg?
   Wer hat den kürzesten Schulweg?
   Wer hat die längste Unterrichtszeit?
   Wer hat die meisten Mitschüler in der Klasse?
   …

4. Schreibe fünf Antworten auf.

5. Elavarasi hat es viel schwerer als die anderen Kinder.
   Warum geht sie trotzdem gerne in die Schule?

Die Neuen

S. 12 – 15

Später erzählt Lippel seinen Eltern von der Begegnung mit den „Neuen“.

1. Was glaubst du: Warum waren die beiden verlegen?

Hamide und Arslan sind die Neuen. Sie sind etwas Besonderes.

2. Was weißt du über sie? Fülle die Tabelle aus.

Wie heißen sie?	Hamide und Arslan
Was weißt du über ihr Alter?	
Wo sind sie geboren?	
Wo sind sie vorher zur Schule gegangen?	
Warum sind sie neu in der Klasse?	

Mein Monster

S. 19

1. Lies dir im Lesebuch noch einmal das Gedicht durch
   und fülle dann die Lücken aus.

Mein Monster ist vier Meter groß,
mit Schultern wie ein __________.

Mein Monster speit nach __________art
Feuer aus dem Schlund.

Mein Monster hat ein __________maul
mit einem __________gebiss.

2. Warum werden gerade diese Tiere genannt,
   um das Monster zu beschreiben?

Der __________ *wird genannt, weil* __________

____

Der __________ *wird genannt, weil* __________

____

Der __________ *wird genannt, weil* __________

____

Der __________ *wird genannt, weil* __________

____

Bauernregeln zum Wetter

S. 22

1. Noch mehr Bauernregeln! Leider sind sie durcheinandergeraten. Verbinde, was zusammengehört. Die Reimwörter helfen dir.

1) Alltäglicher Regen ist ungelegen,	wird der Winter stürmen und toben. t
2) Wenn's um Neujahr Regen gibt,	siehst du schon den Frühling winken. t
3) Konnte man den Herbst loben,	wird der Mai, dass Gott erbarm'. h
4) Hüpfen Eichhörnlein und Finken,	hofft man auf ein fruchtbar Jahr. e
5) Ist die Weihnacht hell und klar,	kannst du getrost auf schön' Wetter bauen. a
6) Dreht mehrmals sich der Wetterhahn,	oft um Ostern Schnee noch liegt. e
7) Ist der Oktober noch heiter und warm,	am Tage Wasser macht. h
8) Siehst du Nebel auf Seen und Auen,	zuweilen ein Regen ist ein Segen. W
9) Wind in der Nacht –	je länger bleibt das Wetter schön. n
10) Je weißer die Schäfchen am Himmel gehn,	so zeigt er Sturm und Regen an. r

2. Trage die Buchstaben aus Aufgabe 1 richtig ein, dann ergibt sich das Lösungswort.

1)	2)	3)	4)	5)	6)	7)	8)	9)	10)
W									

Es dreht sich im Wind der ______________.

Das Wasser

S. 23

Bildet 6er-Gruppen und lernt gemeinsam das Gedicht auswendig.
Jeder wählt eine Strophe aus, die er bearbeitet.

1. Lest euch zuerst das Gedicht vor – jeder seine Strophe.
   Dann wisst ihr, was nacheinander geschieht.
2. Lernt dann eure Strophe auswendig. Der Tipp hilft euch dabei.

Ein Gedicht auswendig lernen

- *Lies die Zeilen des Gedichtes laut und nicht nur mit den Augen.*
- *Stelle dir genau vor, um was es in der Strophe geht.*
- *Schreibe und male deine eigene Erinnerungshilfe für jede Zeile:*

erstes Wort + ein Signalwort oder eine Zeichnung + das Reimwort

Beispiel: Vom  *fällt Regen*

Schreibe und male deine Strophe, wie es im Tipp vorgeschlagen wird.

Decke mit einem Blatt immer mehr Hilfen ab,
bis du deine Strophe auswendig kannst.

3. Übt miteinander, das Gedicht gut vorzutragen.
   Sprecht deutlich und macht Gesten dazu.
4. Tragt euer Gedicht – jeder seine Strophe – der Klasse vor.
5. Tauscht eure Erinnerungshilfen aus und lernt damit auch die anderen Strophen.
   Schafft ihr es, das ganze Gedicht auswendig zu lernen?

Geschichte vom Wind

1. Entscheide, welche Verben ein Geräusch ausdrücken und unterstreiche sie.

2. Schreibe zu fünf Verben, die du unterstrichen hast, einen Satz auf, der gut zu dem Geräusch passt.

Das Gespenst Leopold rasselt mit seinen Lieblingsketten.

3. Suche dir nun drei Verben aus und male wie in einem Comic ein Bild.

Der fliegende Robert

1. Finde die passenden Reimwörter aus dem Gedicht
   und denke dir jeweils ein weiteres aus.

1. Reimwort Gedicht	2. Reimwort Gedicht	eigenes Reimwort
niederbraust	durchsaust	wegschaust
Buben		
Nein		
er		
keucht	beugt	
Wind		
weit		
schon		
dort		
voran		
hingetragen		

2. Nach seinem abenteuerlichen und gefährlichen Flug durch den Sturm kommt Robert völlig durchnässt und erschöpft wieder zu Hause an. Seine Mutter hat sich große Sorgen gemacht.
   Schreibe auf, was Robert seiner Mutter antwortet.

Mutter sagt: „Robert, mein Junge. Gott sei Dank, dass du wieder da bist! Was hast du dir nur dabei gedacht, bei diesem Wetter rauszugehen?"

Robert antwortet:

Hilfe! Wir versinken im Meer!

S. 30, 31

1. Was erfährst du über Sam?

   Sammle die Informationen aus dem Text. Notiere die Zeile, in der du die Antwort gefunden hast.

		Zeile
Alter		
Wohnort		
Ernährung		
Fortbewegungsmittel		
bester Freund		
Kleidung im Winter		
Kleidung im Sommer		

2. Lies noch einmal die angegebenen Zeilen und schreibe die Antwort.

   a) Zeile 42 – 46: Erkläre, wie es zu der Erderwärmung kommt.

   b) Zeile 48 – 59: Warum ist die Erderwärmung für die Bewohner der Insel ein Problem?

   c) Zeile 56 – 59: Wie versuchen die Inselbewohner, sich vor dem Wasser zu schützen?

Ich bin glücklich

S. 36, 37

1. Glück ist ein Gefühl. Ob du glücklich bist, merkt man an deinem Gesichtsausdruck.
   Erkennst du auch andere Gefühle?
   Verbinde den jeweiligen Gesichtsausdruck mit dem passenden Gefühl.

2. Wann bist du glücklich? Schreibe auf, in welcher Situation du glücklich bist.
   Suche dir zwei weitere Gefühle aus und beschreibe, wann du dich so fühlst.

   a) *Ich bin glücklich, wenn* ______

   ______

   ______

   b) *Ich bin* ______ *, wenn* ______

   ______

   ______

   c) *Ich bin* ______ *, wenn* ______

   ______

   ______

In der neuen Klasse

S. 38, 39

Robert, Simone und Frank gehen in eine Klasse. Robert ist neu in der Klasse und hat noch keine Freunde gefunden.

1. So fühlen sich die Kinder in der Klasse.

Robert fühlt sich noch nicht wohl, weil ____________________

____

Simone fühlt sich in der Pause unwohl, wenn ____________________

____

Frank fühlt sich wohl, weil ____________________

____

2. So denken die Kinder über die Rauferei von Frank und Jürgen in der Pause.

Robert denkt, dass Simone Frank unterstützen müsste, weil ____________________

____

Simone meint, dass ____________________

____

Frank will zeigen, dass ____________________

____

3. Das halten die Kinder von dem Vorfall mit den Pfefferminzbonbons.

Robert ist wütend, weil ____________________

____

Simone lacht zwar wie die anderen, aber sie findet ____________________

____

Frank findet es ____________________

____

Schreibe einen Steckbrief von deinem Neinengel.

Name: ____________________

Aussehen: ____________________

____

____

Besondere Eigenschaften: ____________________

____

Das mag er: ____________________

____

____

Das mag er nicht: ____________________

____

____

Das kann er besonders gut: ____________________

____

____

Das wünscht er jedem: ____________________

____

____

Der Rollstuhl

S. 46, 47

1. Michaela soll lernen, allein mit dem Rollstuhl zu fahren.
   Wie hat sie sich bis jetzt fortbewegt?

   ____

2. Warum sollte Michaela lernen, mit dem Rollstuhl zu fahren?

   ____

   ____

3. Michaela will keinen Rollstuhl und schreit ihn an.
   Schreibe auf, was sie dem Rollstuhl alles zuruft.
   Die Zeilenangaben helfen dir dabei.

Meine Eltern sagen, dass ich lernen muss ____________

______________________________. (Zeile 2)

Das will ich aber nicht. Ich hasse dich, ________________

__________________________, (Zeile 4 und 5)

oder zumindest mein Wägelchen wiederhaben will. Ich sehe gar nicht ein,

dass ich ____________________________. (Zeile 7)

Im Sportwägelchen hat keiner gesehen, dass ich behindert bin.

Du machst ______________________. (Zeile 18)

Ich will dich einfach nicht!

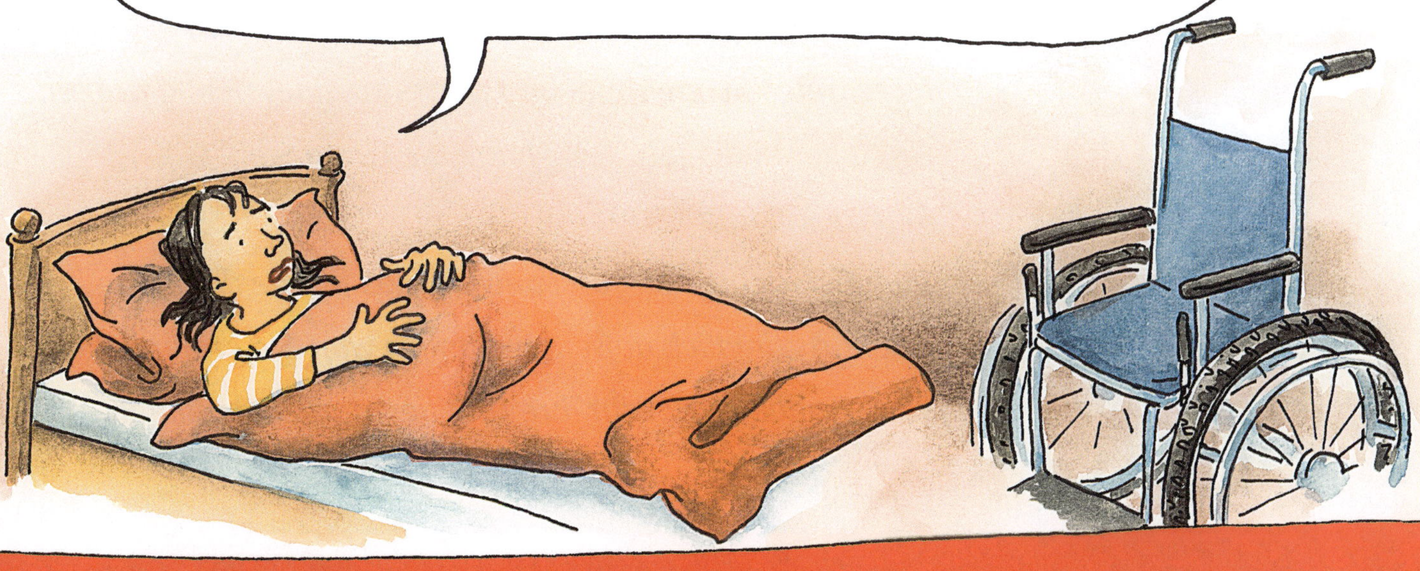

Margarete Steiff

S. 50, 51

1. Vervollständige den Text.
   Die fehlenden Angaben findest du alle im Lesebuch auf den Seiten 50 und 51.

Das Elefäntle erzählt

Ich bin das „Elefäntle“. Eigentlich bin ich ein ________________ in Form eines Elefanten, aber ich fühle mich als mehr als das. Ich bin stolz darauf, dass es mich gibt und dass ich von einer so bemerkenswerten Frau erschaffen wurde.

Das war im Jahre ________, ________________ Steiff war damals ________ Jahre alt. Ihr Vater baute das Elternhaus in der Stadt ________________ um und richtete dort ein Arbeitszimmer für sie und ihre Schwestern ein. Margarete war nicht wie die anderen Mädchen zu dieser Zeit. Sie hatte es nicht leicht, denn sie musste mit einer Behinderung leben, die im frühen Kindesalter durch eine ________________ hervorgerufen wurde. Seitdem saß sie im Rollstuhl. Davon ließ sie sich aber nicht unterkriegen. Mit großer Freude besuchte sie schon früh eine Nähschule und schaffte schließlich mit mir den Durchbruch! ... Naja, eigentlich gibt es jemanden, der noch viel berühmter als ich geworden ist: Bis heute lieben alle Kinder meinen Freund, den ________________. Er wurde nach einem damals sehr berühmten Mann benannt: ________________ ________________, dem Präsidenten der USA, genannt ________________.

Durch den Erfolg mit dem Bären vergrößerte sich Margaretes Schneiderei und wuchs zu einer richtig großen Firma heran. Im Jahr 1907 hatte die Firma Steiff ________ Mitarbeiter und 1800 ________________. Damit erreichte Margarete etwas, das für die damalige Zeit noch ziemlich außergewöhnlich war: Sie ermöglichte auch Frauen, etwas für ihre Familien dazuzuverdienen.

Margarete war eine tolle Chefin, obwohl sie auch ziemlich ______ sein konnte. Zum Beispiel duldete sie es nicht, wenn ihre Arbeiterinnen während der Arbeit zu viel miteinander redeten.

Aber vor allem hatte sie ein großes Herz. An Weihnachten ______ ______ ______ fünf Mark mehr ______ ______ ______, wenn deren Familien in Not waren.

Margarete Steiff mochte Kinder sehr gern. Ein Satz, den sie oft erwähnte, lautete:

„______ ______ ______ ______ ______ ______ ______ ______."

Und damit hat sie uns gemeint: mich, das Elefäntle, und meinen Freund Teddy und die vielen, vielen anderen Stofftiere, die nach uns gefolgt sind. Wir sind das Beste und freuen uns wie Margarete, wenn uns ein freudestrahlendes Kind in die Arme schließt und am liebsten nie wieder hergeben würde!

2. Hast du auch Stofftiere? Welches ist dein Lieblingsstofftier? Zu welcher Gelegenheit hast du es bekommen? Schreibe auf.

______

______

______

______

______

______

______

Hertha hat Geburtstag

S. 52 – 54

1. Lies noch einmal den Text. Betrachte dabei die zwei Fotos und die Zeichnungen. Woran erkennst du, dass Hertha nicht in der heutigen Zeit lebt?

   Finde drei Beispiele. Schreibe ganze Sätze.

   a)

   b)

   c)

2. Was hätte man zeichnen oder fotografieren müssen, wenn Hertha heute leben würde?

   Schreibe ganze Sätze zu deinen Beispielen aus Aufgabe 1.

   a)

   b)

   c)

3. Seit der Zeit, in der Hertha lebte, und heute hat sich in Deutschland vieles verändert. Fülle die Tabelle aus. Die Informationen für die linke Spalte findest du im Lesebuch.

 So war es früher	 So ist es heute
Hertha lebte in einer Großfamilie und hatte ______ Geschwister. (Zeile 5) So war es bei fast allen Familien.	______ ______ ______
Zum Frühstück gab es nur ______. (Zeile 20)	______ ______
Als Geschenk bekam Hertha ein Nachthemd, das Agnes nicht mehr passte, eine aus einem alten Kleid genähte ______, ein Paar Wollstrümpfe und gebrauchte Schuhe von Agnes. (Zeile 25 – 33)	______ ______ ______ ______
In Herthas Klasse gingen ______ Kinder. (Zeile 41)	*In meine Klasse gehen ______ Kinder.*
Man schrieb mit ______ auf Schiefertafeln. (Zeile 44, 45)	______ ______
______ ______ ______ ______	*Am Nachmittag gehen die Kinder auf Spielplätze, schauen fern oder sitzen vor dem Computer …*

Die Zeit

S. 55

1. Lies noch einmal das Gedicht und schreibe heraus, was man mit der Zeit tun und nicht tun kann. Beachte jeweils nur die ersten zwei Zeilen jeder Strophe.

Man kann die Zeit ...	Man kann die Zeit nicht ...

2. Schreibe drei Sätze aus der Uhr und erkläre, wann man sie sagt.
   Schreibe so:

   Die Zeit läuft. Erklärung: Die Tage gehen zu schnell vorbei.

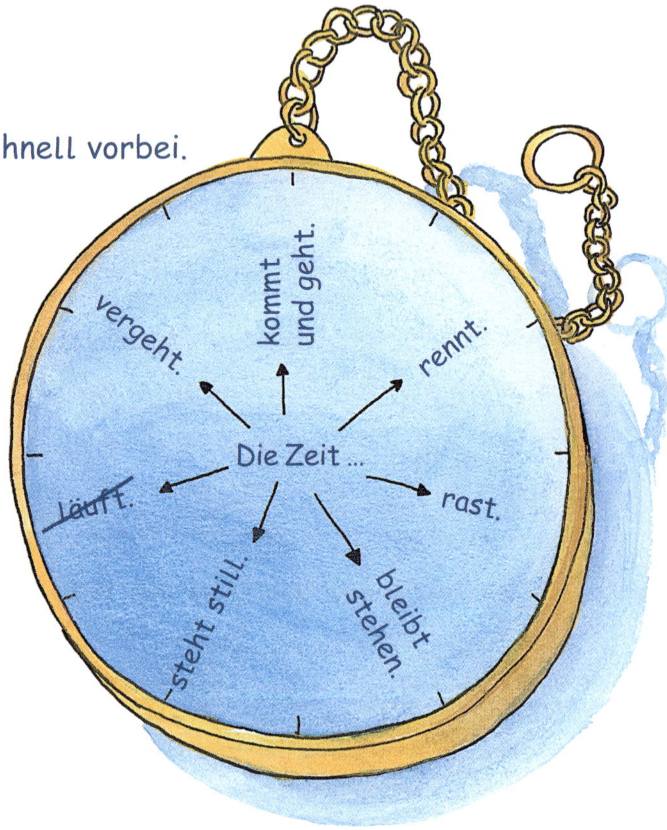

Die Zeit

3. In den folgenden Wörtern steckt jeweils das Wort „Zeit“. Weißt du, was damit gemeint ist? Kreuze an.

a) Fußball ist mein liebster **Zeit**vertreib.

- ☐ Fußball ist mein liebstes Hobby.
- ☐ Mit dem Fußball verjage ich die Zeit.
- ☐ Fußball lasse ich am liebsten ausfallen.

b) Am Meer gibt es Ge**zeit**en.

- ☐ Die Gezeiten sind die Zeiten, zu denen man ans Meer geht.
- ☐ Gezeiten sind Tiere, die es nur am Meer gibt.
- ☐ Die Gezeiten sind Ebbe und Flut.

c) Vater bereitet die nächste Mahl**zeit** vor.

- ☐ Mahlzeit ist, wenn das Mehl gemahlen wird.
- ☐ Eine Mahlzeit ist ein Essen.
- ☐ Zur Mahlzeit wird gezeichnet.

4. Finde weitere zusammengesetzte Wörter mit „Zeit“. Die Silben unten helfen dir. Schreibe so:

zeitlos

Zeitvertreib

Gezeiten

Nur Mut, Kilian!

S. 56, 57

In der Geschichte findet Kilian in einer Truhe alte Bücher, Alben und Schulhefte.
Es sind tolle Erinnerungen an seine verstorbene Oma.

Wie könnte seine Oma gewesen sein? Wie ist oder war deine Oma?
Sammle passende Ideen und schreibe Sätze passend zu den Buchstaben
auf das Schmuckblatt.

Oma kocht leckeres **E**ssen.

Sie hatte eine schöne Sch**r**ift.

i

n

n

e

r

u

Es ist **n**ie langweilig mit ihr!

g

Vom dicken fetten Pfannekuchen

S. 66, 67

1. Entwirre den Buchstabensalat und verbinde das Tier mit seinem Spitznamen. Der Text im Buch hilft dir dabei.

Tier	Spitzname
EIGZE	HAOGNRL
USA	ZCHAANFHSR
SHENÄHC	TOZRTAELBT
DEFPR	NIGHREALZCSWN
LFWO	LUATPßTF

2. Findest du es richtig, dass der Pfannkuchen sich von den Kindern hat essen lassen, oder hätte er zu den alten Frauen zurückgehen sollen? Begründe.

Hunger in der Welt

S. 68

Lies den Text im Buch noch einmal und mache dann den Test.
Du kannst auch mehrere Antworten ankreuzen.

1. Etwa eine Milliarde Menschen in der Welt hungern.

☐ Das sind zwölfmal so viele Menschen wie in ganz Deutschland leben.

☐ Das sind dreimal so viele Menschen wie in ganz Deutschland leben.

☐ Das sind zwanzigmal so viele Menschen wie in ganz Deutschland leben.

2. Hunger und Armut können viele Ursachen haben – z. B. schlechte Ernte, Regierungen, denen es nur um Macht geht, oder Wirtschaftsunternehmen, denen es nur ums Geld geht.
Zwei wesentliche Ursachen, die im Text genannt werden, fehlen hier. Welche?

3. Siah lebt in …

☐ Asien

☐ Europa

☐ Afrika

☐ Amerika

4. Welche der folgenden Länder liegen in Afrika?

☐ Benin

☐ Türkei

☐ Mosambik

☐ Spanien

☐ Portugal

☐ Äthiopien

☐ Sri Lanka

☐ Chile

4. Trage die Namen der Länder richtig ein.

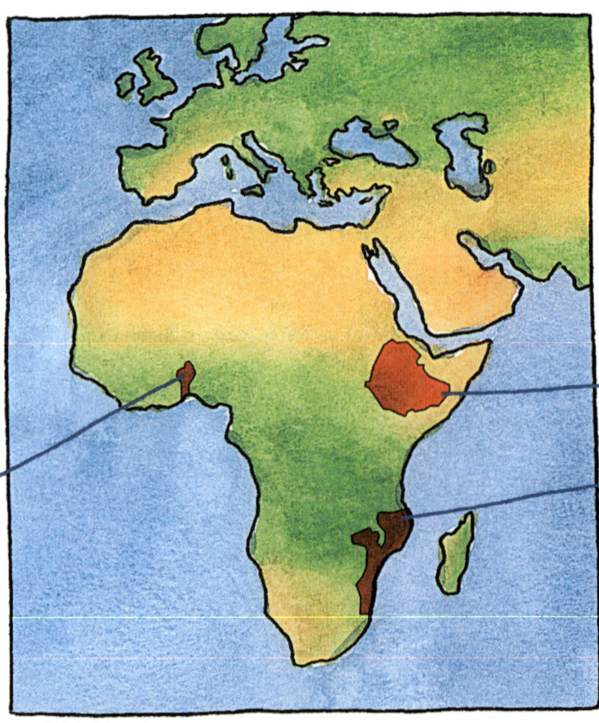

Hunger in der Welt

S. 68

5. Siahs Frühstück bestand aus …

____

____

6. Am Nachmittag gab es …

____

7. Ergänze den Text.

Wenn man an Hunger leidet, ist man __________ *und wird* __________ __________. *Man wächst und entwickelt sich langsamer, deswegen sind Siahs Kinder* __________ ______ __________ *im selben Alter.*

Man ist anfälliger für ______________ *und man* __________ *früher.*

8. Die Menschen in den ärmsten Ländern von Afrika haben mit vielen Problemen zu kämpfen. Welche werden in Schaubild A benannt?

   Ordne die Oberbegriffe richtig zu:
   Trinkwassermangel, Geldmangel, Unterernährung, schlechte Hygienebedingungen

____

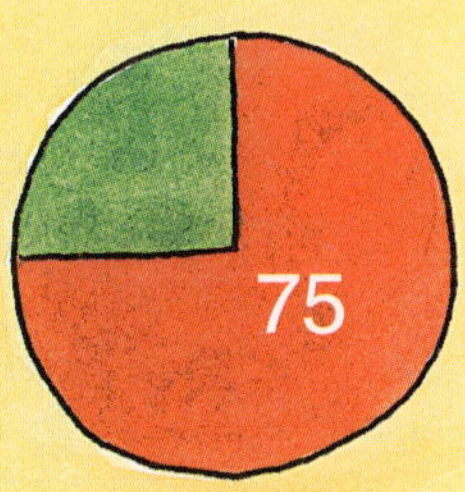

75 von 100 Menschen haben weniger als 1,50 Euro pro Tag.

____

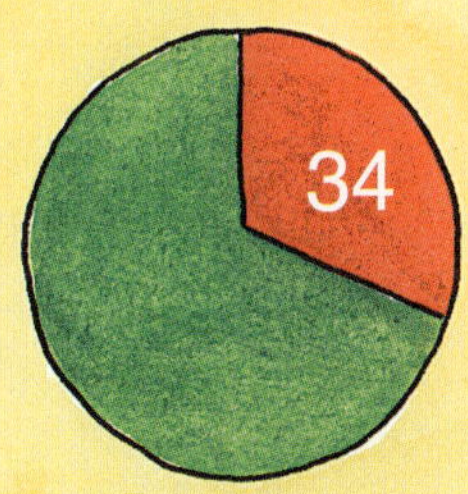

34 von 100 Kleinkindern sind unterernährt.

____

____

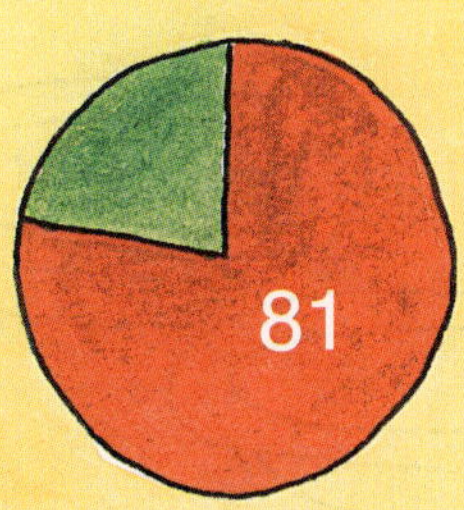

81 von 100 Menschen haben keinen Zugang zu Sanitäranlagen.

____

____

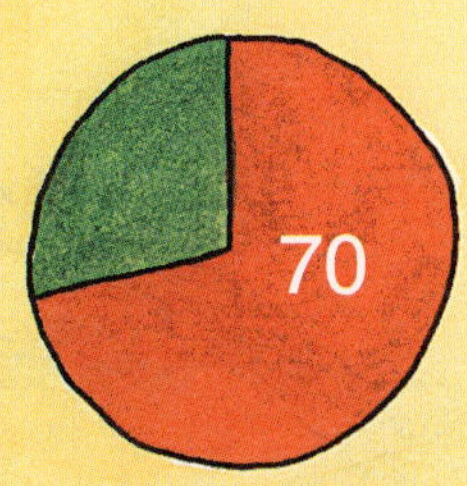

70 von 100 Menschen haben keinen Zugang zu sauberem Wasser.

Die Möhre

S. 69 – 71

„Die Möhre“ ist eine wahre Geschichte. Sie ist so tatsächlich jemandem passiert.

1. a) Wann spielt die Geschichte?

   b) Informiere dich in Büchern und im Internet über diese Zeit.

2. Viele Menschen waren auf der Flucht. Welche Schwierigkeiten hatten sie?

3. Einmal hatte Otto zwei Tage nichts gegessen. Wie tröstete ihn seine Mutter?

4. Lies noch einmal die Zeilen 48 bis 55.
   Wie denkst du über das Verhalten des Hausbesitzers?

   Ich finde, das Verhalten des Hausbesitzers war

S. 69 – 71

5. Als Otto nach Hause kommt, wird er von seiner Mutter ausgeschimpft. Er erzählt ihr aber nicht, was passiert ist. Warum nicht?

   Kreuze die Antworten an, die du für am wahrscheinlichsten hältst. Sprecht anschließend in der Klasse darüber.

   - ☐ Er sagt nichts, weil er heimlich plant, noch einmal in den Garten zu gehen.
   - ☐ Er schämt sich dafür, dass der Hunger ihn dazu gebracht hat, zu stehlen.
   - ☐ Er hat Angst vor einer Bestrafung.
   - ☐ Er hat Angst, dass seine Mutter sich mit dem Hausbesitzer anlegt, und möchte sie schützen.
   - ☐ Er hat kein Vertrauen zu seiner Mutter und erzählt ihr nie etwas.
   - ☐ Er befürchtet, dass seine Mutter noch trauriger wird, wenn sie merkt, wie verzweifelt er war.

6. Versetze dich in Otto hinein. Hättest du es deiner Mutter erzählt? Begründe.

7. Otto wird nie wieder vergessen, wie sich Hunger anfühlt. Deshalb wird er später anderen Menschen, die an Hunger leiden, helfen, zum Beispiel in Afrika. Informiere dich im Internet über die Organisationen, die es sich zur Aufgabe gemacht haben, Kindern in der Not zu helfen, wie z. B. UNICEF.

   Entwickelt gemeinsam Ideen, wie ihr in der Klasse etwas beitragen könnt.

Heute kocht Nele

S. 72, 73

1. Nele verwendet frische Zutaten für ihre Tomatensoße. Das können Gewürze, Gemüse oder Kräuter sein.

   Kennst du dich aus? Schreibe ein **G** in das Kästchen, wenn es sich um ein Gemüse handelt, und ein **K**, wenn du denkst, dass es ein Gewürz ist bzw. Kräuter sind.

- ☐ Tomaten (g)
- ☐ Oregano (l)
- ☐ Basilikum (e)
- ☐ Muskat (c)
- ☐ Aubergine (e)
- ☐ Lauch (s)
- ☐ Pfeffer (k)
- ☐ Petersilie (e)
- ☐ Zucchini (u)
- ☐ Gurke (n)
- ☐ Rosmarin (r)
- ☐ Karotten (d)

2. Die Buchstaben in den Klammern aus Aufgabe 1 ergeben die Lösungswörter.

   G: Gemüse ist ____________________.

   K: Die Soße schmeckt ____________________.

3. Gemüse, Obst und frische Kräuter sind verderbliche Lebensmittel. Damit meint man, dass sie schnell schlecht werden können.

   Welche Lebensmittel sind schnell verderblich, welche halten sich länger? Trage in die Tabelle ein.

leicht verderblich	haltbar

Heute kocht Nele

S. 72, 73

1. Vielleicht möchtest du auch einmal für deine Eltern kochen.
   An was musst du alles denken?
   Lege die richtige Reihenfolge fest.
   Der Text im Buch kann dir dabei helfen.

- ◯ nachsehen, welche Zutaten noch fehlen
- ◯ fehlende Zutaten einkaufen
- 1 Rezept aussuchen
- ◯ kochen
- ◯ Essen servieren
- ◯ Essen auf dem Teller anrichten
- ◯ Tisch decken
- ◯ abspülen
- ◯ Tisch abräumen
- ◯ gemeinsam gemütlich essen

2. Schreibe den Ablauf in ganzen Sätzen auf.
   Benutze die Satzanfänge aus dem Wörterpool.

1 Zuerst suche ich mir ein Rezept aus.
2
3
4
5
6
7
8
9
10

Die Heinzelmännchen

S. 76, 77

1. Fülle die Tabelle aus.
   Der Text im Buch hilft dir dabei.

Wir wohnen nicht in Düsseldorf,	*sondern*
Wir werden nicht Josefswichtel genannt,	*sondern*
Wir sind für die Menschen nicht sichtbar,	*sondern*
Wir sind ganz und gar nicht faul,	*sondern*
Wir arbeiten nicht am Tag,	*sondern*
Wenn wir arbeiten, dann tun wir es nicht offen,	*sondern*
Die Menschen haben uns keine Statue zur Erinnerung gebaut,	*sondern*

Die Heinzelmännchen

S. 76, 77

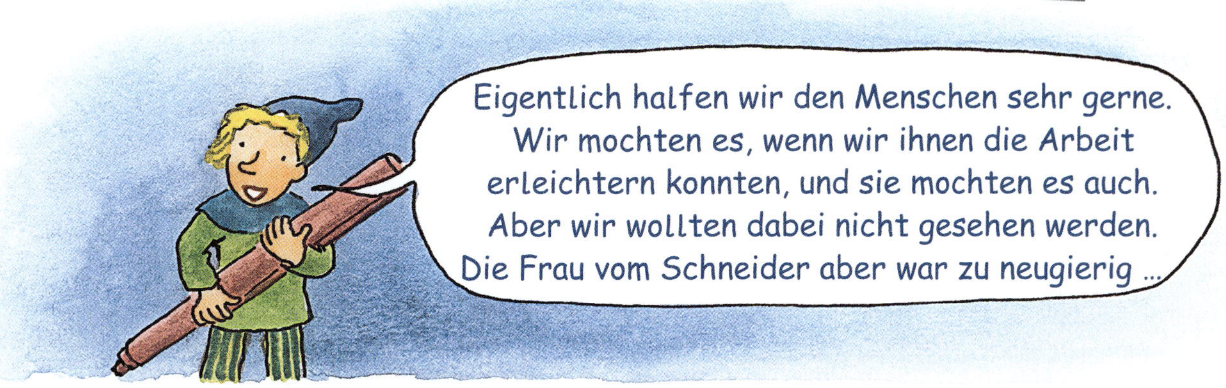

2. Schreibe auf, was die Frau des Schneiders getan hat, um die Heinzelmännchen zu überlisten.

Eines Abends

3. Schreibe das Gespräch der Heinzelmännchen. Du kannst ihnen auch Namen geben.

Der Brief

S. 78, 79

1. Zeile 1 – 22: Was erfährst du über die Familienmitglieder der Familie Tosch? Trage ein.

Name

Spitzname

arbeitet als

Was denkt er über seinen Arbeitsplatz?

Wohin schickt er seinen Sohn nach dem Frühstück?

Name

Was denkt sie über den Arbeitsplatz ihres Mannes?

Name

Hört er immer, wenn er mit seinem Namen gerufen wird?

Was wünscht er sich von seinen Eltern?

S. 78, 79

2. Zeile 29 – 46: Dann kommt der Brief. Schubert wird seine Arbeit verlieren, weil seine Buslinie durch eine U-Bahn-Linie ersetzt wurde. Wie reagieren die drei?

Vater:

Mutter:

Sohn:

3. Zeile 47 – 49: Die Mutter Olli fängt sich schnell wieder und schließt ihren Mann in die Arme. Was zeigt diese Umarmung und warum ist sie wichtig für Schubert und für die ganze Familie?

4. Oskar ist geschockt. Sein Vater hat seine Arbeit verloren. Das ist schlimm. Und ausgerechnet jetzt, wo er ihm ein Fahrrad versprochen hat. Das Fahrrad und die Reaktionen seiner Eltern gehen ihm nicht aus dem Kopf. Er zieht sich zurück und schreibt seine Gedanken in sein Tagebuch.

   Stell dir vor, du bist Oskar. Schreibe den Tagebucheintrag in dein Heft.

Der Pferdinand

S. 80, 81

1. Aus Ferdinand wird Pferdinand – viel hat sich verändert.
   Ordne die Sätze auf den Zetteln Ferdinand und Pferdinand zu.

   Male die Zettel, die zu Ferdinand passen, gelb
   und die, die zu Pferdinand passen, rot aus.

- Er ist selbstbewusst.
- Selbst Boris kommt ihm auf seinem großen Fahrrad klein vor.
- Er ist klein und leidet darunter.
- Er wird gehänselt und herumgeschubst.
- Er fühlt sich groß und glücklich.
- Er hat Freunde.
- Er kann es nicht leiden, wenn man ihn den „Kleinen" nennt.
- Er fühlt sich als Außenseiter.
- Er beneidet Boris um seine Größe und darum, dass er auf ein großes Fahrrad steigen kann.
- Er hat kein Selbstvertrauen.
- Die Sportstunde ist das Schlimmste.
- Er hat Spaß und genießt sein Leben.
- Er hat keine Freunde, die ihn unterstützen.
- Er ist unglücklich.
- Er hat begriffen, dass man die Größe eines Menschen nicht in Zentimetern messen darf.
- Er reagiert klug auf Hänseleien.

S. 80, 81

2. Ferdinand ist dein Freund. Er schreibt dir in einer E-Mail, dass er Boris beim Ausreiten getroffen und was Boris einmal zu ihm gesagt hat.

   Stelle dir vor, du bist Ferdinand. Schreibe die E-Mail.

3. Erkläre mit deinen Worten, was gemeint ist:
   „Er war äußerlich zwar nur ein paar Zentimeter gewachsen, aber innerlich war er viel größer geworden."

Samira Bologna

S. 82, 83

1. Wofür steht die Abkürzung DFB?

2. Welche Vorteile hat man, wenn man Schiedsrichter ist?

3. Welches Ziel möchte Samira als Schiedsrichterin erreichen?

4. Welches Missgeschick ist Samira eines Tages vor lauter Aufregung passiert?
   Wie konnte ihr geholfen werden?

gezielt einzelne Informationen suchen

Samira Bologna

S. 82, 83

1. Fertige ein Wortfeld zum Thema Fußball an. Welche Begriffe tauchen schon im Interview auf? Welche kannst du ergänzen?

2. Bist du auch ein Fußballfan? Hast du eine Lieblingsmannschaft? Suche dir einen Spieler oder eine Spielerin daraus aus und fertige einen Steckbrief von ihm oder von ihr an. Suche dazu Informationen im Internet (www.blinde-kuh.de) oder in Zeitschriften.
Wenn du kein Fußballfan bist, kannst du auch einen anderen Sportler oder eine Sportlerin vorstellen. Passe, wenn nötig, den Steckbrief an.

Steckbrief

Name ____________________

geboren in ____________________ Alter __________

spielt als ____________________

gewonnene Titel ____________________

____

aktueller Verein ____________________

Liga ____________________

aktueller Tabellenplatz ____________________

Sonstiges ____________________

____

____

Straßenbilder

S. 84, 85

Stell dir vor, du bist eine kleine Maus,
die in einer ganz normalen Straße wohnt.
Eines Tages kommt eine Frau und
beginnt die Straße zu bemalen.
Du beobachtest sie und die anderen Menschen.

Beschreibe, was du an diesem Tag erlebst.
Die Wörter unten helfen dir dabei.

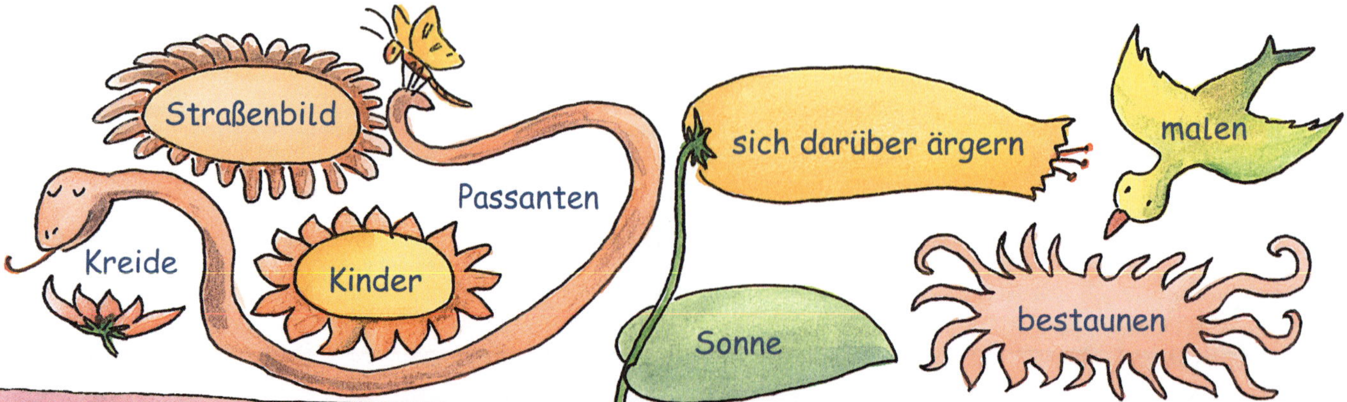

1. Im Text findest du drei Jahreszahlen.
   Was ist in diesen Jahren im Leben von Karl Benz geschehen?

1872:

1886:

1888:

2. Wie bewegten sich die Menschen damals in der Stadt fort?

3. Welches Fortbewegungsmittel nutzten sie für längere Reisen?

4. Karl Benz erfand die erste Fahrmaschine.
   Doch nicht alle waren begeistert. Warum nicht?

5. Lies noch einmal die Zeilen 27 – 39 und beschreibe dann, was auf den Bildern geschieht.

Der Klettverschluss

S. 90, 91

1. Was bedeutet der Ausdruck „etwas patentieren lassen“? Schaue im Wörterbuch oder im Internet nach und erkläre in eigenen Worten.

2. Du willst vor deiner Klasse einen Vortrag über Georges de Mestral halten. Erstelle dazu einen Steckbrief.

Steckbrief

Name	Georges de Mestral
geboren am	
geboren in	
gestorben am	
Was erfand er im Alter von 12 Jahren?	
Was studierte er?	
Als was arbeitete er?	
Welche Firma gründete er?	
Wann kam der erste Klettverschluss auf den Markt?	
Wie viele Mitarbeiter sind heute in seiner Firma beschäftigt?	

Sechs Punkte – damit die Hände lesen können

S. 92, 93

1. Die Blindenschrift setzte sich nach dem Tod ihres Erfinders Louis Braille durch. Wie verlief das Leben von Louis Braille?

1809		*... wird Louis Braille in Coupvray bei Paris* ____________.
1813, mit vier Jahren,	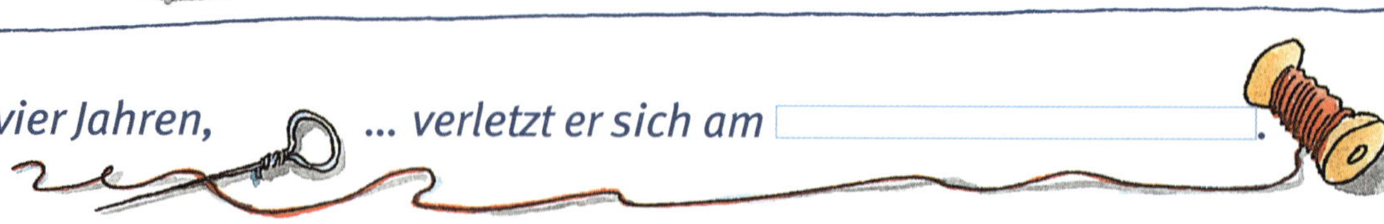	*... verletzt er sich am* ____________.
1819, im Alter von zehn Jahren,		*... nimmt ihn die erste* ____________ *in Paris auf.*
1825	 	*... erfindet Louis Braille in Paris die* ____________.
1828		*... wird Louis Braille* ____________ *an der Pariser Blindenschule.*
1852		*...* ____________ *Louis Braille in Paris.*

2. Finde heraus, was das Wort in Blindenschrift bedeutet.
Die Buchstabentafel im Buch hilft dir dabei.

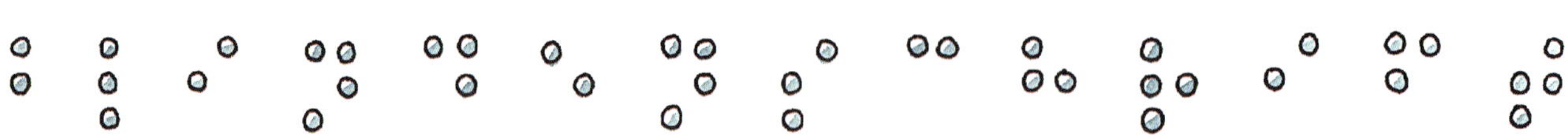

Lösung: ____________

3. Beantworte die Fragen mithilfe des Buches und trage die Lösungen ein.

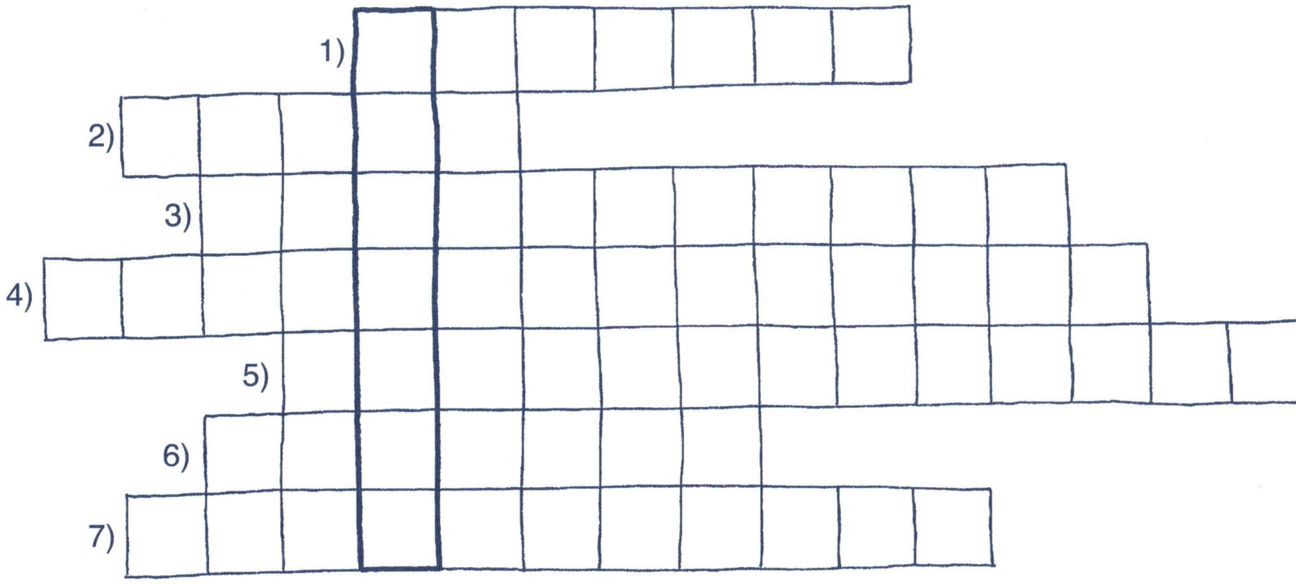

1) Der Erfinder der Blindenschrift hieß Louis …

2) Die erste Blindenschule der Welt gab es in …

3) Schon bald wurde Louis dort als … eingestellt.

4) Dort arbeitete er zielstrebig daran, eine brauchbare … zu entwickeln.

5) Louis erinnerte sich an seinen Spielwürfel zu Hause. Nach seiner Erblindung hatte sein Vater … in einen Würfel geschlagen, damit er die Zahlen fühlen konnte.

6) So legte Louis für jeden Buchstaben ein Muster mit höchstens sechs erhabenen … fest.

7) Diese waren leicht erkennbar und mit der … gut zu fühlen.

4. Die Buchstaben in den markierten Kästchen aus Aufgabe 3 ergeben das Lösungswort.

Lösungswort: ☐ ☐ ☐ ☐ ☐ ☐ ☐

1) 2) 3) 4) 5) 6) 7)

Lösungssatz: Für Blinde ist die Sechs-Punkte-Schrift

das Tor zur ________________.

Ralph Caspers – Moderator, Drehbuchautor ...

S. 94, 95

Kreuze an. Die richtigen Antworten ergeben ein Lösungswort.
Achtung! Es können mehrere Antworten richtig sein.

1. Wer ist Ralph Caspers?

   A ☐ Ein Moderator von „Die Sendung mit der Maus“.

   N ☐ Ein Moderator von „Wissen macht Ah!“.

2. „Wissen macht Ah!“ ist eine Kindersendung, bei der

   T ☐ Rätsel des Alltags erklärt werden.

   R ☐ Mannschaften gegeneinander antreten und Fragen beantworten müssen.

   W ☐ ungefährliche Experimente mit Haushaltsgegenständen gezeigt werden, die man zu Hause nachmachen kann.

   O ☐ vorgeführt wird, wie man praktische Dinge, z. B. Kleber, selbst herstellen kann.

3. Um sich auf die Sendung vorzubereiten,

   O ☐ macht Ralph Caspers viele Kreuzworträtsel.

   R ☐ liest er viele Bücher.

   U ☐ geht er blind durch die Welt und interessiert sich für nichts.

   T ☐ unterhält er sich mit Leuten, die sich gut auskennen.

   E ☐ geht er in die Bücherei und schaut sich viele Experimentierbücher an.

   N ☐ geht er mit offenen Augen durch den Alltag.

Lösung:
„Wissen macht Ah!“ gibt ______________________ auf spannende Fragen.

4. Schaue dir die fünf Lektionen von Ralph Caspers im roten Kasten an.
   Suche dir eine aus und erkläre, was damit gemeint ist.
   Du kannst auch ein Beispiel dazu erzählen.

Berühmte Kinder, von Tieren gerettet

1. Schreibe die Titel der drei Geschichten richtig unter die Bilder A, B, und C.
2. Welche Aussage gehört zu welcher Geschichte? Verbinde.

Ihr Vater ist der Kriegsgott Mars.

Seine Eltern wurden von einem Leoparden getötet.

Sie wurden in einem Korb im Fluss Tiber ausgesetzt.

Eine Äffin gab ihm Milch und zog ihn auf.

Zwei Kinder saugten gierig an den Zitzen einer Wölfin.

Es waren Zwillinge.

Ein Bär und ein Panther setzten sich für ihn ein.

Er kam ursprünglich aus England.

Er wurde von einem Wolfsrudel entdeckt und ernährt.

Er flüchtete bei dem Angriff eines Tigers in den Dschungel.

A

B

C

Berühmte Kinder, von Tieren gerettet

S. 98, 99

1. Löse das Kreuzworträtsel zu Romulus und Remus mithilfe des Buches.

   1) Der Fluss, in dem Romulus und Remus gefunden wurden, hieß …
   2) Sie wurden gesäugt von einer …
   3) Aufgezogen wurden sie von einem …
   4) Seine Frau meinte, es wären wohl …
   5) Romulus' und Remus' Großvater war der frühere … des Landes.
   6) Der Vater der Kinder war Mars, der …
   7) Mit ihrem Großvater gewannen Romulus und Remus dessen … zurück.
   8) Sie gründeten eine neue Stadt mit dem Namen …

2. Die fett umrandeten Buchstaben ergeben in der richtigen Reihenfolge das Lösungswort.

   Romulus und Remus wurden ausgesetzt in einem ____________.

Berühmte Kinder, von Tieren gerettet

S. 100

Als Tarzan erwachsen war, begegnete er im Dschungel anderen Menschen und reiste mit ihnen nach England. Dort machte ihn seine Geschichte sehr bekannt.

Stell dir vor, die Geschichte hätte sich heute ereignet und Tarzan wäre Gast in einer Talkshow.

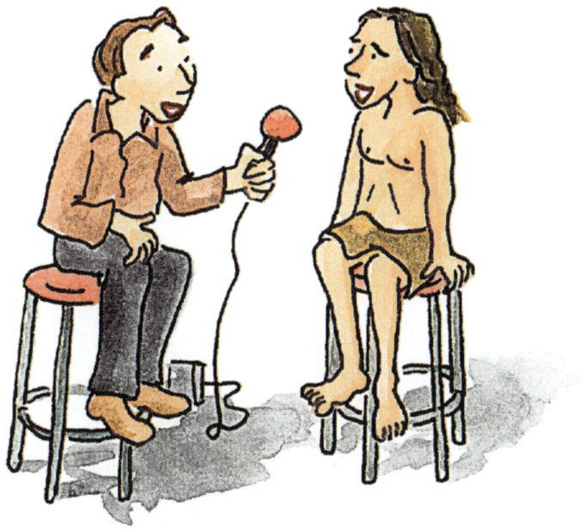

1. Was würde er auf die Fragen des Moderators antworten? Trage ein.

Moderator: *Guten Tag, liebe Zuschauer. Das Thema unserer Sendung lautet: „Berühmte Kinder, von Tieren gerettet". Ich möchte Ihnen unseren heutigen Studiogast vorstellen: Tarzan.*

Tarzan: ______________________________

____

Moderator: *Sie wurden liebevoll von einem Tier aufgezogen. Von welchem Tier wurden Sie gerettet?*

Tarzan: ______________________________

____

Moderator: *Wie kam es dazu?*

Tarzan: ______________________________

____

____

____

____

____

____

____

____

Moderator: Wie war es möglich, dass die Äffin Ihnen Milch geben konnte?

Tarzan:

Moderator: Wurden Sie von Anfang an von der Affenherde aufgenommen oder gab es Schwierigkeiten?

Tarzan:

Moderator: Ihre Ziehmutter hat Ihnen Ihren Namen gegeben. Was bedeutet Tar-zan?

Tarzan:

Moderator: Vielen Dank, dass Sie heute mein Gast waren.

Tarzan:

2. Lange blieb Tarzan nicht in Europa.
Kannst du dir vorstellen, warum Tarzan in den Dschungel zurückkehrte?

Der große Auftritt

S. 102, 103

1. Kennst du diese Begriffe aus der Pferdewelt?
   Schaue im Internet nach und schreibe in eigenen Worten.

   traben:

   Longe:

   Voltigiergurt:

2. Im Text wird das Wort „Lampenfieber“ verwendet.
   a) Wie wird der Begriff im Text erklärt?
      Lies die Zeilen 11 bis 16 und beschreibe in eigenen Worten.

   b) Hattest du selbst schon mal Lampenfieber? Erzähle.

Beantworte die Fragen zum Text.

1. Was ist die Sahara und wo liegt sie?

2. Was erfährst du im Text über die Temperaturen in der Sahara?

3. Das Kamel ist ein wichtiges Tier für die Nomaden.

a) Lies die Zeilen 21 bis 23 und beschrifte.

b) Warum ist ein Kamel wie ein „Supermarkt in der Wüste“?

Warum sich Raben streiten

S. 109

1. Finde im Gitternetz die Reimwörter aus dem Gedicht.
   Sie können senkrecht oder waagerecht angeordnet sein.

U	K	O	P	D	N	U	B	B	L	U	M	E	N
Z	L	L	Q	A	O	L	I	A	V	M	L	K	B
W	E	K	R	N	V	U	O	Ü	S	A	G	E	N
E	I	Ä	S	N	U	Z	X	Y	D	F	U	I	E
I	N	S	T	S	T	R	E	I	T	E	N	U	V
T	I	F	U	R	P	W	I	S	U	A	R	J	E
E	G	Z	L	A	E	P	F	T	Ü	E	R	A	R
R	K	A	N	N	I	M	L	T	E	M	O	R	T
M	E	K	Ö	N	U	S	O	L	L	P	A	Q	R
B	I	C	I	N	A	P	M	I	S	T	S	T	A
A	T	Y	E	W	E	I	T	E	R	I	O	O	G
S	E	W	S	Ö	O	P	Q	W	V	A	U	L	E
K	N	K	Ä	S	E	K	R	U	M	E	N	L	N

2. Schreibe die Reimwörter zu den passenden Strophen.

1. Strophe: ______ ______

2. Strophe: ______ ______

3. Strophe: ______ ______

4. Strophe: ______ ______

5. Strophe: ______ ______

6. Strophe: ______ ______

7. Strophe: ______ ______

Ameisen

S. 113

1. Beantworte die Fragen zum Text.

   a) Was ist Gerhards Lieblingsbeschäftigung?

   b) Wie viel Zeit verbringt Gerhard damit?

   c) Wie reagieren Hubert und die anderen Kinder auf Gerhards Lieblingsbeschäftigung? Was denken sie darüber?

   d) Woran erkennst du, dass Hubert insgeheim doch glaubt, dass Gerhard etwas Aufregendes beobachtet?

2. Gerhard findet Ameisen sehr spannend.
   Informiere dich in Büchern oder im Internet über sie und beantworte die Fragen.

   a) Wie schwer ist eine Ameise?

   b) Was fressen Ameisen?

   c) Wie alt werden Ameisen?

   d) Wie groß können Ameisen werden?

   e) Wie ist der Körper einer Ameise aufgebaut? Beschrifte.

3. Würde man sämtliche Ameisen der Erde wiegen, wären sie schwerer als alle Menschen zusammen. Wie kann das sein?

Echtes Gruseln!

S. 114

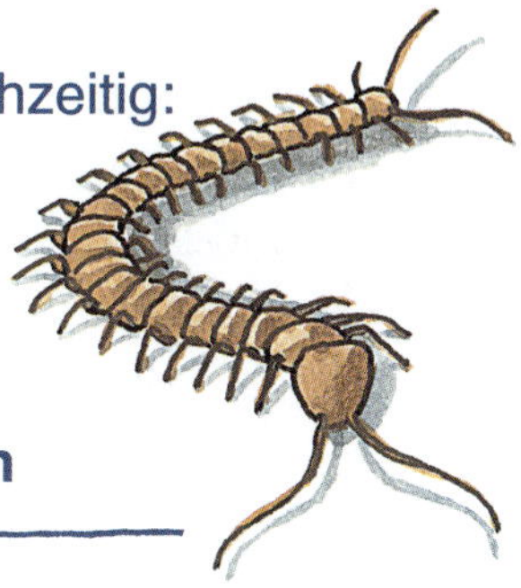

1. Der Erzähler der Geschichte erlebt zwei widersprüchliche Gefühle gleichzeitig: Stolz und ein Gruseln.

   Trage in die Tabelle die Formulierungen aus der Geschichte ein, die auf die jeweiligen Gefühle hinweisen.

Stolz	**Gruseln**

2. Schreibe die Geschichte aus der Sicht des Tausendfüßlers.

   Ich krabbelte gerade ahnungslos unter einem Stein, als

3. Hat ein Tausendfüßler tatsächlich 1000 Beine? Schaue in Büchern oder im Internet nach und schreibe die höchste Anzahl an Beinen auf, die du findest. Vergleicht eure Ergebnisse in der Klasse.

Unter meinen Füßen

S. 115

1. Ordne die Begriffe den Schichten zu, wie im Gedicht beschrieben, und markiere sie durch verschiedene Farben.

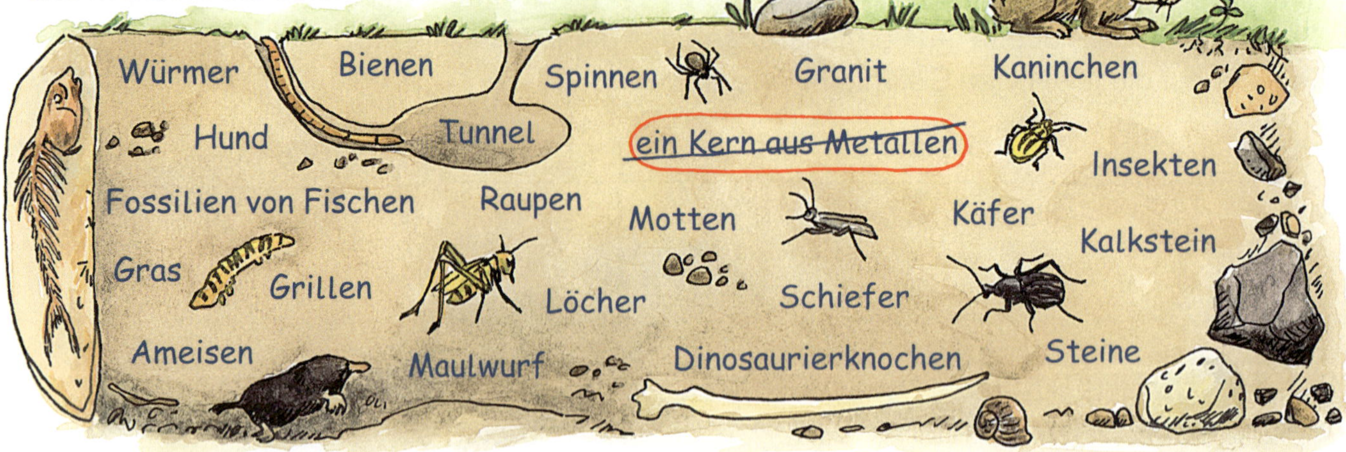

2. Trage die Begriffe in die Erdschichten ein.

3. In Zeile 18 heißt es „Fossilien von Fischen“. Was sind Fossilien und wie entstehen sie? Informiere dich in Büchern oder im Internet. Besprecht eure Ergebnisse.

Die Linde

In einem Wald treffen sich zwei Tiere und unterhalten sich.
Fülle die Lücken in den Sprechblasen. Der Text im Buch hilft dir dabei.

Eine Linde ist schon ein toller Baum.
Wusstest du, dass man aus den getrockneten
____
Tee machen kann?

Klar, er hilft gegen
____
und ______________________________.

Und aus einigen Dorflinden wurden
______________________________.

Dazu wurde extra ein
____
in den Baum gesetzt.
Mit einer Treppe!

Ganz früher wurde dort auch
____
gehalten.

Das ist lange her,
aber Linden werden
______________ Jahre alt ...

... wenn sie nicht gefällt werden
und kostbare ______________________________
aus ihnen gefertigt werden.

Und wer bist
eigentlich du?

Ich bin ein
______________________________!

Der Lindenbaum

S. 117

1. Finde die Reimwörter in den Strophen und schreibe sie auf.

Lindenbaum ____ ____

____ ____

____ ____

____ ____

____ ____

____ ____

2. Im Gedicht spricht ein Erzähler von „seiner" Linde.
   Setze die passenden Wörter aus den Blättern ein.

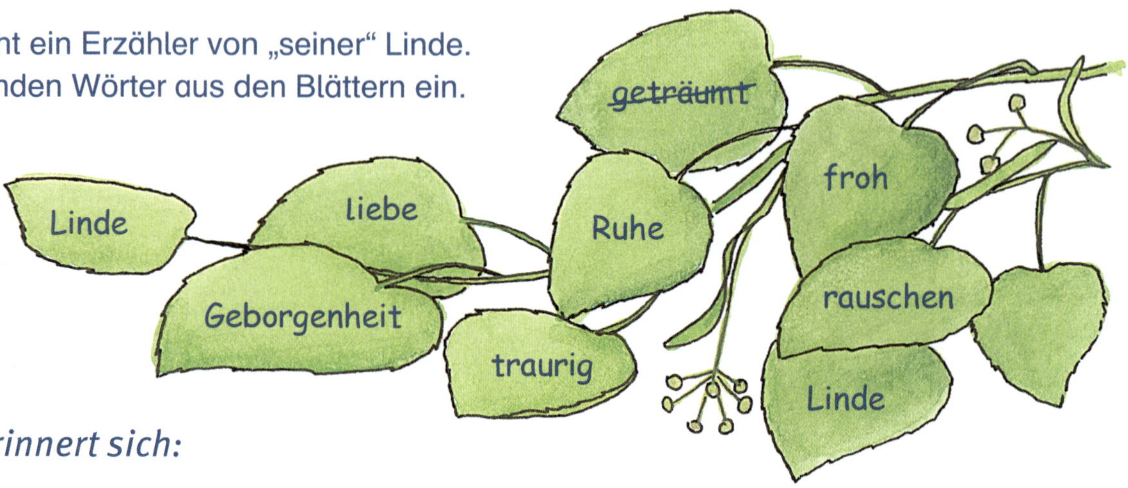

Der Erzähler erinnert sich:

Im Schatten des Lindenbaums hat er geträumt*. In die Rinde*

hat er ____ *Worte eingeritzt. Er ist oft zur Linde gegangen,*

wenn er ____ *und wenn er* ____ *war.*

Dann musste er weit fortgehen, an der ____ *vorbei. Er machte die*

Augen zu und hörte den Baum ____ *, als ob es ein Freund wäre,*

zu dem man immer zurückkommen kann.

An dieses Rauschen „seiner" ____ *erinnert er sich auch*

in weiter Ferne. Er denkt an den Baum und fühlt ____

und ____ *.*

Der große Kapokbaum

S. 118, 119

1. Alle Tiere des Regenwaldes tragen dem Mann ihre Gründe vor, warum er den Baum nicht fällen soll. Doch wer sagt was? Verbinde.

- „Wenn ihr den Regenwald zerstört, zerstört ihr das Zuhause vieler Lebewesen."
- „Wenn du die Schönheit des Regenwaldes zerstörst, woran soll sich dann dein Auge erfreuen?"
- „In dem Kapokbaum leben viele Tiere. Wenn du ihn abschlägst, was soll ich dann fressen?"
- „Weißt du, was Tiere und Menschen brauchen? Und weißt du, was die Bäume herstellen? Sauerstoff. Und Sauerstoff brauchen wir alle zum Atmen."
- „Die Wurzeln verdorren und sterben. Nichts bleibt übrig, um die Erde festzuhalten.Wenn die großen Regen kommen, wird der Boden weggewaschen."
- „Senhor, dieser Baum ist mein Zuhause."
- „Für uns bleiben nur Baumstümpfe."
- „In diesem Baum ist mein Bienenstock. Ich bestäube auch andere Bäume und Blumen im Regenwald."
- „Der andere Mann befiehlt dir, einen Baum abzuschlagen. Dabei denkt er nicht an die Kinder, die morgen in einer Welt ohne Bäume leben müssen."

S. 118, 119

2. Es spricht danach noch jemand zu dem Mann mit der Axt.
   Wer ist es?

3. Was sagt er?

4. Die Tiere überzeugen den Mann, dass der Kapokbaum und der Regenwald geschützt werden müssen.

   Was kannst du für den Regenwald tun? Kreuze die richtigen Antworten an.

   Du kannst …

   - ☐ eine Umweltschutzgruppe unterstützen.
   - ☐ dein Zimmer aufräumen.
   - ☐ beim Kauf von Sachen aus Holz auf das FSC-Zeichen achten.
   - ☐ ein Regenwaldprojekt in der Schule erarbeiten.
   - ☐ zu Fuß zur Schule gehen.
   - ☐ weniger Obst essen.

5. Welches Argument eines Tieres findest du am besten? Erkläre.

S. 122, 123

1. Jule und Rosetta freunden sich an und verbringen gemeinsam ihre Zeit am Strand. Was tun sie?

Sie rennen zusammen den Wellen entgegen und

2. Jule und Rosetta verstehen sich gut, obwohl sie nicht dieselbe Sprache sprechen. Wie sagst du etwas zu einer Person, ohne zu sprechen? Verbinde.

„Das war lecker!"

„Ich bin müde."

„Hallo."

„Ich mag dich!"

3. Kennst du noch mehr Dinge, die du anderen ohne Worte mitteilen kannst? Schreibe auf und male.

4. Rosetta schenkt Jule zum Abschied ein Armband und gibt ihr ihre Adresse.
Was möchte sie damit sagen?

5. Kennst du außer „tanti saluti“ und „porcellino“ noch weitere italienische Wörter?
Schaue nach oder rate und verbinde mit Pfeilen.

6. Kennst du diese Wörter auch in anderen Sprachen? Schreibe in dein Heft.

Inselferien

S. 124, 125

1. Pippas Vater überrascht sie mit einer besonderen Reise.
   Was erzählt Papa über die Reise?

   Lies noch einmal die Zeilen 5 – 17.

   a) Wie weit entfernt ist das Land von Pippas Zuhause?

   b) Mit welchem Fahrzeug fahren sie in den Urlaub?

   c) Wie heißt das Urlaubsland?

2. Wie reagiert Pippa auf die Überraschung ihres Vaters?

3. Pippa überlegt, ihrer Freundin Daniela eine Postkarte zu schicken.
   Was könnte sie ihr schreiben?

4. Schau dir das Bild auf S. 125 im Lesebuch an. Pippa und ihr Vater haben sich eingerichtet. Was hättest du noch gern in Balkonien dabei?

5. Schreibe auf, wie du dir einen Wunschtag zu Hause vorstellst. Überlege auch, mit wem du was machen möchtest.

Nach dem Aufstehen

Am Vormittag

Zum Mittagessen

Danach

Wenn es Abend wird

Das Monster vom blauen Planeten

S. 126, 127

1. Was weißt du über Gobo? Antworte in ganzen Sätzen. Lies noch einmal die Zeilen 1 bis 6, wenn du die Fragen nicht beantworten kannst.

   a) Wo wohnt Gobo?

   b) Wie alt ist er?

   c) Was war sein Geburtstagsgeschenk?

   d) Welches Haustier hätte er gerne?

2. Was meint Gobo, wenn er von den folgenden Dingen auf der Erde spricht? Lies noch einmal die Zeilen 9 bis 15 und 30, wenn du es nicht weißt.

felllose Monster mit zwei Augen = Menschen

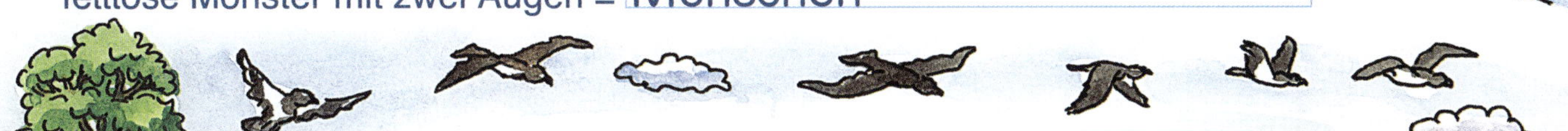

Steinwürfel =

graue Schlangen mit Blechkäfern =

merkwürdige Lappen =

struppiges, gelbes Fell auf dem Kopf =

scheußliche Beule im Gesicht =

silbrige Tropfen, die aus den Augen quellen =

3. Gib Gobos „Erdenmonster“ einen Namen. Wie erlebte  die Geschichte? Erzähle sie aus seiner Sicht und schreibe in dein Heft.

Lippels geheimer Ort

S. 128

1. Warum liest Lippel nicht in seinem Bett, sondern in seinem geheimen Versteck?

2. Stell dir vor, Lippel wird beim Lesen im Verschlag von seinem Vater entdeckt.
   Schreibe auf, was der Vater zu Lippel sagen könnte. Der Stichwortzettel hilft dir dabei.

3. Wie denkst du darüber?
   Würdest du an Lippels Stelle wieder zum Lesen in den Verschlag gehen? Begründe.

Nuri und der Geschichtenteppich

S. 129 – 131

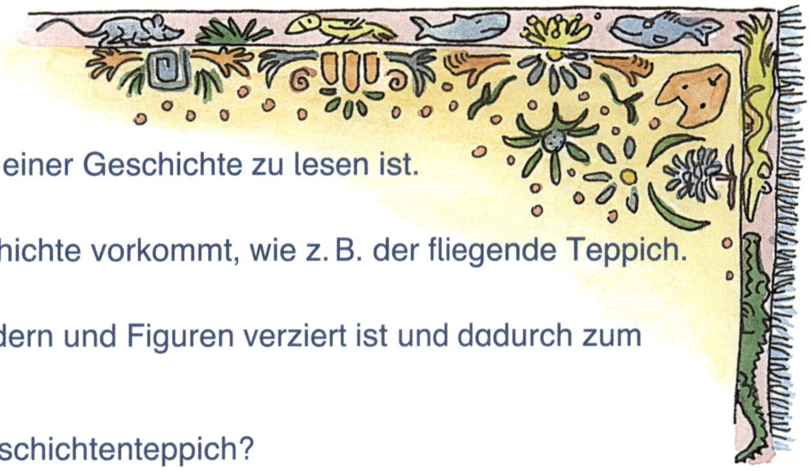

1. Was ist ein Geschichtenteppich?
   Ein Geschichtenteppich ist …

   - [ ] ein Teppich, auf dem der Text einer Geschichte zu lesen ist.
   - [ ] ein Teppich, der in einer Geschichte vorkommt, wie z. B. der fliegende Teppich.
   - [ ] ein Teppich, der mit vielen Bildern und Figuren verziert ist und dadurch zum Geschichtenerzählen anregt.

2. Warum wünscht sich Nuri einen Geschichtenteppich?

3. Nuri erfindet die Schwarzzahnmonstergeschichte.
   Warum erzählt sie die Geschichte ihrer Mutter?

4. Wie findet die Lehrerin die Geschichte?

5. Wie findet die Klasse die Geschichte …

   a) nach dem Vorlesen?

   b) nachdem Nuri erzählt hat, dass sie die Geschichte in einem Teppich gesehen hat?

Von Buchstaben und Büchern

S. 134, 135

1. Beantworte die Fragen mithilfe des Buches und trage die Lösungen ein.

1) Bei dem Volk der … gab es vor etwa 2000 Jahren in hölzerne Stäbchen eingeritzte geheimnisvolle Zeichen.
2) Manche dieser Stäbchen waren aus …
3) Den senkrechten Mittelstrich der Runenzeichen nennt man …
4) Das Verb … mit der Bedeutung „geheimnisvoll sprechen“ kommt von den Runen, den geheimnisvollen und magischen Zeichen.
5) … ist sehr dünnes Leder, das als weiche Seiten zum Beschriften diente.
6) Nur wenige Menschen bekamen die wertvollen Bücher in die Hand. Sie wurden in großen … aufbewahrt.
7) Beim Buchdruck wurden die einzelnen Buchstaben als … in Spiegelschrift angefertigt, sodass sie zu Wörtern und Sätzen zusammengesetzt und in Zeilen geordnet werden konnten.
8) Die Stempel wurden eingefärbt und in einer … auf Papierblätter gedruckt.

2. Die Buchstaben in den markierten Kästchen aus Aufgabe 1 ergeben das Lösungswort.

Lösungswort: ☐ ☐ ☐ ☐ ☐ ☐ ☐ ☐ g
1) 2) 3) 4) 5) 6) 7) 8)

Lösungssatz: ________________ hat die Welt verändert.

Von Buchstaben und Büchern

1. Wovon stammen die folgenden Wörter ab?

Buch (Zeile 14 – 19)

Buchstabe (Zeile 21 – 25)

raunen (Zeile 26 – 28)

2. Sicher hast du ein Lieblingsbuch. Stelle es vor und begründe, warum es dir so gut gefällt. Du kannst es auch malen.

Buchtitel:

Autor:

Kurze Inhaltsangabe:

Begründung:

Dschonghi und der Computer

S. 136, 137

1. Der kleine Computer im Text wird wie ein Lebewesen beschrieben.
   Finde Beispiele aus dem Text, an denen du das erkennst.
   Woran merkt man aber doch, dass er ein Computer ist? Schreibe in Stichworten.

Der kleine Computer als „Lebewesen“	Der kleine Computer als technisches Gerät

2. Findest du es richtig, dass Dschonghi am Schluss den Stecker zieht?

☐ Ja ☐ Nein

Warum? Warum nicht?
Mögliche Argumente findest du unten.

ja, es ist richtig

… weil der Computer unnötig Strom verbraucht …
… weil der Computer für Dschonghi nutzlos ist und deshalb …
… weil sich Dschonghi über den Computer ärgert und deshalb …

nein, es ist falsch

… weil der Computer viele Sachen weiß und deshalb …
… weil dem Computer nur zusätzliche Programme fehlen und er deshalb …
… weil der Computer tut, wofür er geschaffen wurde …
… weil der Computer in vielen Dingen wie ein Lebewesen ist (er ist hilflos, trotzig …) …

Lippels Traum: Die Geschichte im Film

S. 138

1. Finde die Unterschiede zwischen Lippels „echter“ Welt und seiner Traumwelt und fülle die Tabelle aus.

So ist Lippels Wirklichkeit:	So ist Lippels Traumwelt:

Lippel lebt mit seinem Vater in ______.	*Lippel lebt im Orient und erlebt Abenteuer in der Wüste.*
Lippel ist schüchtern.	*Lippel ist ein ______.*
Lippels Vater ist ______.	*Lippels Vater ist ein König.*
Die Geschwister Hamide und Arslan sind Migrantenkinder.	*Hamide und ihr Bruder* Asslam *sind ein ______ ______.*
Lippel hat Probleme mit Frau Jakob.	*Lippel hat Probleme mit ______ ______.*
Serafina ist die Mitarbeiterin in Vaters Restaurant.	*Serafina ist die ______ des Herbergswirtes.*

2. Welche Traumwelt würdest du dir ausmalen? Schreibe in dein Heft.

1. Fertige ein Wortfeld zum Thema Film an. Welche Begriffe tauchen im Text auf? Welche kannst du noch ergänzen?

Film ______ ______

______ ______

______ ______

______ ______

______ ______

______ ______ ______

2. Jeder Film ist anders.
Schreibe ein **F** in das Kästchen, wenn eine der Aussagen bei Filmen fast immer zutrifft, ein **M**, wenn diese nur manchmal zutrifft und ein **N**, wenn sie nie zutrifft.

- ☐ Es gibt ein Casting. (K)
- ☐ Es gibt einen Regisseur. (n)
- ☐ Es gibt Doppelrollen. (S)
- ☐ Dreharbeiten finden auf dem Mars statt. (c)
- ☐ Alle Zuschauer können die Buchvorlage komplett auswendig. (b)
- ☐ Es finden Dreharbeiten statt. (o)
- ☐ Der Inhalt der Buchvorlage wird stark verändert. (p)
- ☐ Szenen werden mit dem Computer nachbearbeitet. (a)
- ☐ Es sind mehrere Personen beteiligt. (i)
- ☐ Der Zuschauer kann alle Dinge im Film riechen. (h)
- ☐ Es spielen echte Dinosaurier mit. (u)
- ☐ Es gibt verschiedene Drehorte. (ß)

3. Die Buchstaben hinter den Antworten aus Aufgabe 2 ergeben jeweils ein Lösungswort.

F: Viele Filme laufen zuerst im ______.

M: Filme schauen macht ______.

N: Jeder Film braucht ein Dreh______.

Buchausschnitt: Lippels Wunderfackel

S. 140, 141

1. Ergänze die Wörter im Lückentext.

Hassan und Leyla treffen sich auf dem Markt. Er erzählt ihr, was er letzte Woche gesehen hat: „Es waren drei Kinder hier. Ein Junge schlug seine ______________ und das Mädchen spielte auf einer ______________ aus ______________.

Der andere Junge konnte toll reimen:

‚Wer jetzt nicht geht, der sieht genau,

die große ______________-______________.‘“

„Und was hat Lippel gemacht?“, will Leyla wissen.

„Er schwenkte eine Wunderfackel und immer wenn er ______________ sagte, leuchtete sie bis in den ______________. Bei dem Wort ______________ ging die Fackel wieder aus“, erzählt Hassan.

Da sagt Leyla: „Diesen Zaubertrick hätte ich auch gerne gesehen.“

2. Kannst du dir vorstellen, warum Lippel das Wort „Osram“ zum Einschalten der Taschenlampe verwendet? Informiere dich auch im Internet.

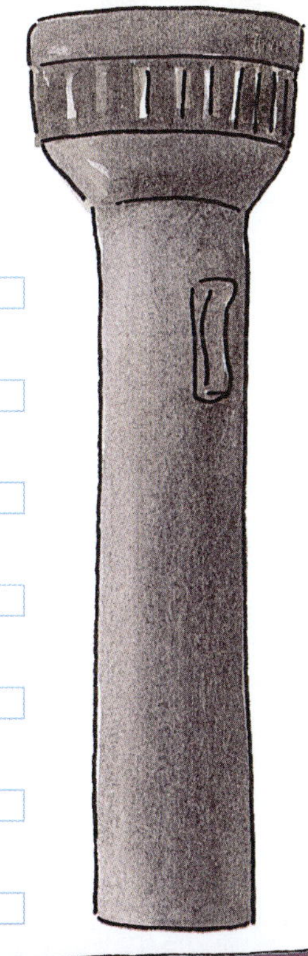

____

____

____

____

____

____

____

Die vier Jahreszeiten

S. 146, 147

1. Lies noch einmal die Gedichte zu den vier Jahreszeiten.
   Was ist typisch für die Jahreszeiten? Fülle die Tabelle stichwortartig aus.
2. Ergänze die Tabelle mit eigenen Ideen.

duftende Veilchen

Die vier Jahreszeiten

S. 146, 147

Frische Düfte liegen in der Luft
Rotkehlchen zwitschern
Überall wachsen Blumen
Hasen hoppeln durch das Gras
Lachende Menschen gehen umher
Igel beenden ihren Winterschlaf
Narzissen, Tulpen, Rosen blühen
Ganz langsam wird es warm

1. Lies den Text zum Frühling. Was fällt dir auf?

2. Schreibe selbst ein Akrostichon zu einer der anderen drei Jahreszeiten.

   Schreibe die Jahreszeit von oben nach unten und achte darauf, dass die Wörter, die du suchst, zur Jahreszeit passen.

Akrostichon

Beim Akrostichon bilden die Anfangsbuchstaben der Zeilen ein Wort.

Halloween

S. 149

1. Kreuze die richtigen Antworten an und finde das Lösungswort.

a) Wann findet Halloween statt? In der Nacht …

☐ A vom 30. April auf den 1. Mai
☐ H vom 31. Oktober auf den 1. November
☐ E vom 31. Dezember auf den 1. Januar

b) Kinder ziehen verkleidet von Haus zu Haus und verlangen von den Bewohnern …

☐ F Unterschriften.
☐ L Geld.
☐ E Süßigkeiten.

c) Ein bekanntes Symbol für Halloween ist die Kürbis-Laterne mit geschnitzten Fratzen. Sie soll …

☐ X böse Geister vom Haus fernhalten.
☐ T die Nachbarn erschrecken.
☐ Z Vögel verjagen.

d) Halloween geht auf welche Tradition zurück? Auf die Tradition der …

☐ E Kelten.
☐ A Germanen.
☐ I Indianer.

e) Halloween stammt von welchem Namen ab? Von dem Namen …

☐ T „Hallo Evelyn“
☐ N „All Hallows Evening“
☐ G „Hallo we are here“

2. Die Buchstaben hinter den richtig markierten Kästchen aus Aufgabe 1 ergeben das Lösungswort.

Lösungswort: ☐☐☐☐☐

Lösungssatz: Kinder verkleiden sich an Halloween gerne als Fledermäuse, Geister, Skelette, Vampire oder ________.

Varenka – ein Weihnachtsmärchen

S. 150, 151

1. Wen beherbergt Varenka in ihrem Haus? Was ist passiert?
   Vervollständige die Tabelle.

Varenka beherbergt …	Folgendes ist ihm/ihr passiert:

2. Welche Eigenschaften treffen auf Varenka zu? Unterstreiche sie.

3. Suche dir nun drei der Eigenschaften aus und erkläre, warum sie auf Varenka zutreffen.

Varenka ist ______________________, *weil* ______________________

____

Varenka ist ______________________, *weil* ______________________

____

Varenka ist ______________________, *weil* ______________________

____

Das ist ein Osterei

S. 152, 153

1. Radoslav erzählt Sina, dass er das Ei selbst gemacht hat. Was musste er dafür tun?
   Nummeriere die einzelnen Schritte in der richtigen Reihenfolge.
   Der Text im Buch kann dir dabei helfen.

○ Das Ei hart kochen

○ Die rote Farbe trocknen lassen

○ Das Ei sauber machen

○ Mit einer Feile oder Messerspitze Muster in die rote Farbe ritzen

○ Das Ei rot färben

○ Ein schönes unbeschädigtes Ei aussuchen

2. Schreibe den Ablauf in ganzen Sätzen auf.
   Benutze die Satzanfänge aus dem Nest.

1) Als Erstes suche ich mir

2)

3)

4)

5)

6)

Philipps Wolkenreise

S. 154

1. Schreibe die Geschichte von Philipps Wolkenreise auf.
   Denke dir für den Mittelteil eine neue Wolkengeschichte aus.

2. Male die Bilder zum neuen Mittelteil.

Gewitter

S. 155

1. Wie verhält man sich bei Gewitter? Kennst du dich aus?
   Kreuze an und finde das richtige Lösungswort.

   a) Wenn ein Gewitter aufzieht und es blitzt und donnert, kann man beruhigt das Haus verlassen und in die Natur hinausgehen.
   ☐ richtig (M)
   ☐ falsch (V)

   b) Bei Gewitter ist man sicher, wenn man im Auto sitzt.
   ☐ richtig (O)
   ☐ falsch (A)

   c) Während eines Gewitters kann man beruhigt schwimmen gehen.
   ☐ richtig (E)
   ☐ falsch (R)

   d) Vor einem Blitz kann man sich schützen, indem man sich unter einen Baum stellt.
   ☐ richtig (L)
   ☐ falsch (S)

   e) Auf freien Plätzen, wie zum Beispiel einem Fußballfeld, ist man sicher.
   ☐ richtig (P)
   ☐ falsch (I)

   f) Um sich vor dem Blitz zu schützen, sollte man sich möglichst klein machen und in die Hocke setzen.
   ☐ richtig (C)
   ☐ falsch (T)

   g) Wenn man als Gruppe zusammen unterwegs ist und von einem Gewitter überrascht wird, sollte man nicht in der Gruppe beieinander stehen, sondern getrennt Schutz suchen.
   ☐ richtig (H)
   ☐ falsch (I)

   h) Bei Gewitter sollte man die Nähe zu Strommasten meiden.
   ☐ richtig (T)
   ☐ falsch (U)

2. Die Buchstaben hinter den richtig markierten Kästchen aus Aufgabe 1 ergeben das Lösungswort.

   Lösungswort: ☐☐☐☐☐☐☐☐

   Lösungssatz: Bei einem Gewitter mit Blitz und Donner sollte man immer ______________ walten lassen!